la
Luna

Edición del proyecto Sophie Parkes
Edición de arte sénior Rachael Parfitt Hunt
Edición Sarah MacLeod
Diseño Sif Nørskov
Diseño adicional Robert Perry
Diseño de cubierta Claire Patane
Coordinación de cubierta Issy Walsh
Documentación iconográfica sénior Sakshi Saluja
Asistencia de documentación iconográfica Mayank Choudhary
Producción sénior, preproducción Dragana Puvacic
Producción Inderjit Bhullar
Edición ejecutiva Penny Smith
Subdirección de arte Mabel Chan
Dirección editorial Sarah Larter

Escrito por Dra. Sanlyn Buxner, Dra. Georgiana Kramer, Dra. Pamela Gay
Ilustrado por Dawn Cooper
Con la colaboración de Larry Lebofsky, Maria Banks, Andrea Jones,
Andrew Shaner, Mathew Wenger, Rob Bovill

De la edición en español:
Coordinación editorial Cristina Sánchez Bustamante
Asistencia editorial y producción Malwina Zagawa

Servicios editoriales Tinta Simpàtica
Traducción Ana Riera Aragay

Publicado originalmente en Gran Bretaña en 2022
por Dorling Kindersley Limited
DK, One Embassy Gardens, 8 Viaduct Gardens,
Londres, SW11 7BW
Parte de Penguin Random House

MIXTO
Papel | Apoyando la
selvicultura responsable
FSC™ C018179

Este libro se ha impreso con papel
certificado por el Forest Stewardship
Council™ como parte del compromiso
de DK por un futuro sostenible.
Para más información, visita
www.dk.com/our-green-pledge

Contenidos

BIENVENIDOS A LA LUNA

La Luna es nuestra vecina más próxima y el único cuerpo celeste, además de nuestro planeta, que hemos pisado.

Llevamos miles de años intentando comprender la Luna. Empezamos observándola atentamente, luego pasamos a cartografiarla con la ayuda de telescopios y más tarde enviamos naves espaciales para verla más de cerca. Con el tiempo, llegamos a pisarla y a explorar su superficie con astronautas y naves espaciales robóticas. Incluso ahora seguimos aprendiendo cosas nuevas sobre la Luna.

En este libro haremos un recorrido por nuestra relación con este asombroso objeto celeste, echaremos un vistazo a la exploración lunar y contemplaremos la posibilidad de volver a ir a la Luna en el futuro.

Para aprender cosas sobre la Luna, aquí tienes algunas palabras que te serán de utilidad.

Cosas que debes saber:

astronauta

Persona que va al espacio exterior.

cráter

Agujero en el suelo causado por una roca caída del espacio.

cuerpo celeste

Objeto que se encuentra en el espacio, como una estrella, un planeta o una luna.

estrella

Esfera de gas que emite luz propia.

gravedad

Fuerza invisible que atrae los objetos.

luna

Satélite natural que orbita un planeta o asteroide. ¡Nuestra Luna es una de ellas!

lunar

Cualquier cosa relacionada con la Luna.

mar lunar

Región oscura de la Luna formada por antiguos flujos de lava. El conjunto de mares lunares se conocen como maria.

meteoroide

Roca que está en el espacio. Puede tener cualquier tamaño o forma.

órbita

Trayectoria que un objeto, como un planeta o luna, describe alrededor de otro objeto en el espacio.

planeta

Objeto grande y redondeado, como la Tierra, que orbita una estrella, como nuestro Sol. Los planetas que giran alrededor de otras estrellas se llaman planetas extrasolares.

planeta enano

Cuerpo celeste más pequeño que un planeta y más grande que un asteroide, que orbita el Sol y que no es una luna.

satélite

Objeto que orbita algo distinto a una estrella. La Luna es un satélite natural y los vehículos espaciales son satélites artificiales

sistema solar

Conjunto de planetas, lunas y otros pequeños cuerpos que orbitan una estrella, como el Sol. También hay sistemas planetarios alrededor de otras estrellas.

Sol

La estrella que está en el centro de nuestro sistema solar

¿Dónde está la Luna?

La Luna y la Tierra forman parte de un grupo de objetos diversos que orbitan nuestro Sol. Todos juntos forman el sistema solar. Hay planetas de distintos tamaños y la mayoría tienen lunas. ¡Saturno tiene más de 80 lunas! El sistema solar incluye objetos más pequeños helados y rocosos como los cometas, los asteroides y los planetas enanos.

Planetas interiores

Los cuatro planetas interiores son planetas rocosos, es decir, con una superficie sólida sobre la que podrías estar de pie. Se llaman planetas terrestres y son Mercurio, Venus, la Tierra y Marte.

Luna

Sol

Mercurio

Venus

Tierra

Marte

Nuestro hogar, la Tierra, es el tercer planeta desde el Sol, después de Mercurio y Venus.

Júpiter

La mayoría de los asteroides (pequeños objetos rocosos que orbitan el Sol) están entre Marte y Júpiter. De todas maneras, podemos encontrar rocas espaciales por todo el sistema solar. Algunas incluso se convirtieron en las lunas de Júpiter y Saturno.

Tierra

De la Tierra...

La Tierra es bastante grande. Su radio mide 6378 km.

Los planetas que ves aquí no están a escala.
¡Si lo estuvieran, no podrías ver los más pequeños
ni cabrían todos en una sola página! El espacio es
muy grande y en su mayor parte está vacío.

Planetas exteriores

Los planetas exteriores son planetas gaseosos, es decir, no
tienen una superficie sólida. Los seres humanos necesitarían
globos o vehículos voladores para explorar sus gases de
vivos colores. Estos planetas, que son Júpiter, Saturno,
Urano y Neptuno, tienen muchas lunas.

Saturno

Urano

Neptuno

Los cometas son esferas celestes heladas
que orbitan el Sol. Proceden de los confines
del sistema solar.

Planetas interiores

Júpiter   Saturno   Urano   Neptuno

Las líneas de este diagrama muestran lo relativamente lejos que están los planetas entre sí
(aunque en la realidad no están alineados).

Luna

... a la Luna

La Luna está a 384 400 km (o a 30 Tierras) de nosotros. Los astronautas de la nave
Apolo tardaron más de 3 días viajando a 3218,7 km/h para llegar hasta allí.

La Luna y la Tierra

La Luna es la vecina más cercana de la Tierra.
Estos dos cuerpos rocosos tienen mucho en
común, como veremos en este libro, pero aquí
tienes algunas de las cosas que los distinguen.

Luna

La Luna es más
pequeña que la Tierra y
tiene menos masa. Pesa
menos que la Tierra.

Volumen

El volumen de la Tierra es mucho más
grande que el de la Luna. ¡Si estuviera
hueca, dentro cabrían 50 Lunas!

Diámetro

Con un diámetro de 3475 km, la
Luna es mucho más pequeña que
la Tierra. Cabrían casi cuatro
Lunas de un extremo a
otro de la Tierra.

El diámetro es
la distancia de un
extremo a otro de
un círculo o esfera
pasando por su
centro.

El volumen de
la Tierra es de
1 billón de km³.

El volumen de la
Luna es de 21 900
millones de km³.

Un año

La Tierra es un planeta que orbita el
Sol. La Luna es un satélite que orbita
la Tierra. Un año en la Tierra es lo
que esta tarda en dar una vuelta
completa alrededor del Sol, que son
365 días terrestres. Un año es lo
mismo en la Luna, ya que se
desplaza con la Tierra.

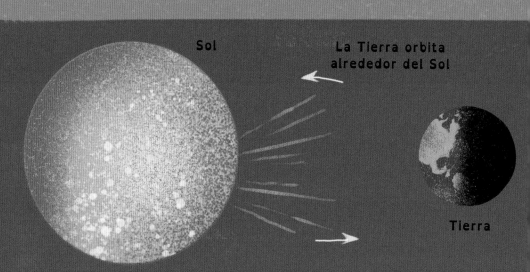

Sol

La Tierra orbita
alrededor del Sol

Tierra

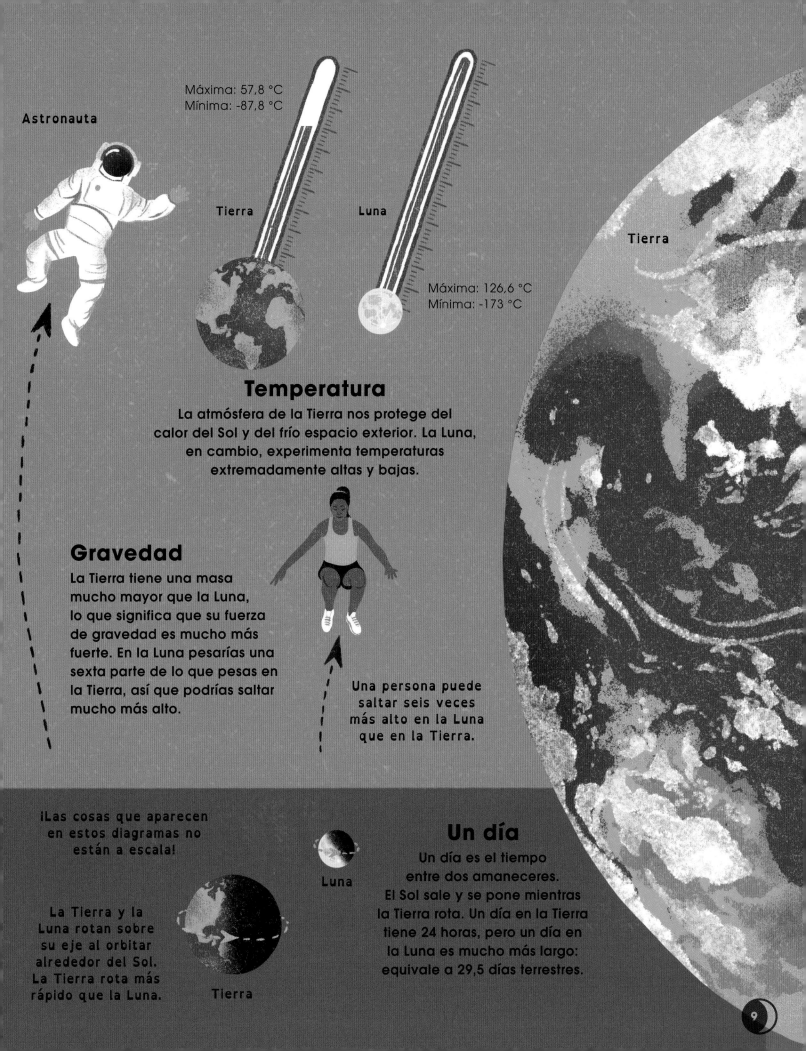

Astronauta

Máxima: 57,8 °C
Mínima: -87,8 °C

Tierra

Luna

Máxima: 126,6 °C
Mínima: -173 °C

Tierra

Temperatura

La atmósfera de la Tierra nos protege del calor del Sol y del frío espacio exterior. La Luna, en cambio, experimenta temperaturas extremadamente altas y bajas.

Gravedad

La Tierra tiene una masa mucho mayor que la Luna, lo que significa que su fuerza de gravedad es mucho más fuerte. En la Luna pesarías una sexta parte de lo que pesas en la Tierra, así que podrías saltar mucho más alto.

Una persona puede saltar seis veces más alto en la Luna que en la Tierra.

¡Las cosas que aparecen en estos diagramas no están a escala!

La Tierra y la Luna rotan sobre su eje al orbitar alrededor del Sol. La Tierra rota más rápido que la Luna.

Luna

Tierra

Un día

Un día es el tiempo entre dos amaneceres. El Sol sale y se pone mientras la Tierra rota. Un día en la Tierra tiene 24 horas, pero un día en la Luna es mucho más largo: equivale a 29,5 días terrestres.

Formación de la Luna

La Luna se formó hace unos 4500 millones de años, cuando dos planetas, Theia y Gaia, chocaron entre sí. Los fragmentos de roca y polvo que se dispersaron por el espacio a causa de la colisión se acabaron fusionando y formaron el objeto que conocemos como Luna.

Con el tiempo, la gravedad de Gaia tira de Theia, un planeta con un tamaño parecido a Marte.

Theia

Gaia

Los científicos han hecho maquetas del impacto con Theias de distintos tamaños para estudiar lo que ocurrió.

Theia choca con Gaia.

Theia

La fuerza de la colisión propulsa parte del material rocoso hacia el espacio.

Gaia

Predestinados

Gaia y Theia se formaron demasiado cerca la una de la otra en el joven sistema solar. La atracción gravitatoria mutua hizo que los planetas estuvieran predestinados a chocar.

¡BUM!

Theia choca con Gaia. El núcleo de metal de ambos planetas se funde y la mayor parte de los materiales rocosos se mezclan y forman el planeta que llamamos Tierra.

Uno de los objetivos de las misiones Apolo (que llevaron a astronautas a la Luna) era averiguar cómo se formó la Luna.

La roca y la tierra que trajeron de la Luna las misiones Apolo permitieron a los científicos elaborar la teoría que ves aquí.

Materiales pesados, como el hierro y el níquel, procedentes de ambos planetas empiezan a formar un núcleo en el centro del planeta al que llamamos Tierra.

Tierra

Residuos rocosos

El material rocoso forma un anillo que orbita la Tierra.

Con el tiempo, la Tierra se enfría.

Tierra

Luna

La Luna sigue orbitando la Tierra con la misma trayectoria que el anillo de residuos anterior.

Se forma un anillo rocoso

Parte del material rocoso procedente de ambos planetas sale disparado hacia el espacio a causa del impacto. La gravedad de la Tierra atrae estos fragmentos de roca y polvo hacia un anillo que orbita a su alrededor.

Se forma la Luna

El anillo de fragmentos rocosos acaba uniéndose a causa de su propia gravedad y forma una esfera de roca fundida. La esfera se enfría poco a poco hasta formar una joven Luna.

Otras lunas del sistema solar

La Tierra solo tiene una luna, a la que llamamos... Luna. Pero en nuestro sistema solar hay cientos de lunas que orbitan otros planetas, planetas enanos e incluso asteroides. Estas lunas tienen distintas formas y tamaños, y están compuestas por distintas combinaciones de materiales.

¡Las lunas de esta página no están a escala!

Ganímedes

Ganímedes, una de las lunas de Júpiter, tiene un diámetro de 5262 km, por lo que es la luna más grande del sistema solar. ¡Es más grande que Mercurio!

Titán

Titán, una de las lunas de Saturno, tiene un diámetro de 5149 km, una densa atmósfera y lagos líquidos.

Calisto

Calisto orbita Júpiter y tiene un diámetro de 4821 km. Tiene multitud de cráteres en su superficie.

No todas orbitan planetas

Tal vez creas que las lunas solo orbitan planetas, como nuestra Luna, que orbita la Tierra. Pero las lunas pueden orbitar otros objetos espaciales, como los planetas enanos y los asteroides.

Plutón

Dactyl

El asteroide Ida tiene una pequeña luna llamada Dactyl.

Plutón, un planeta enano, tiene cinco lunas de distintos tamaños.

Ida